Lernbiene®
... schöne Unterrichtsmaterialien!

Katrin Klöckner

Das ABC

Eine Lernwerkstatt für Klasse 2

WERKSTATTLERNEN
DEUTSCH

Impressum

1. Auflage 2012

ISBN 978-3-86998-632-6

Titel: Das ABC

Inhalt: Katrin Klöckner

Illustration: Anja Freudiger, Tina Theel, Annukka Gruschwitz

Verlag: Lernbiene Verlag GmbH
Zarlachstraße 4
82442 Saulgrub
Tel.: 08845-757252
Fax: 08845-757253
http://www.lernbiene.de

Inhalt

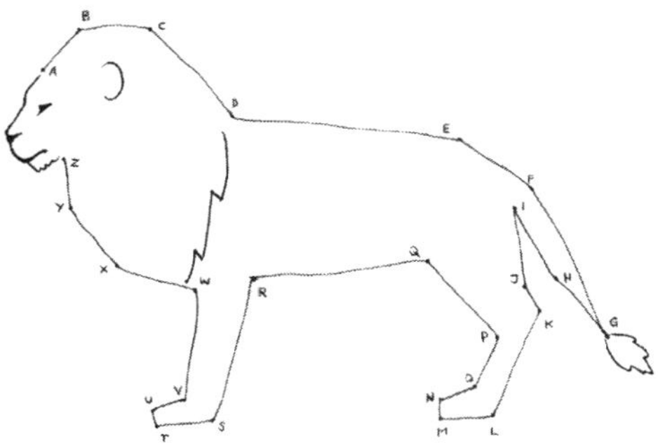

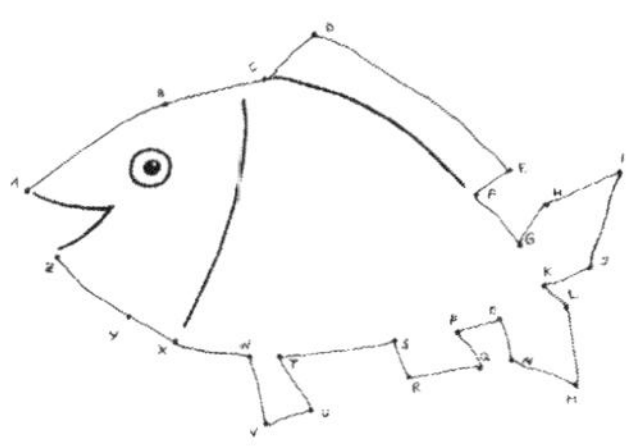

Anmerkung*: *In dieser Werkstatt gibt es zu einigen Stationen keine Arbeitsblätter, da es sich hierbei um Gruppenübungen bzw. Spiele handelt. Die Arbeitsaufträge zu diesen Aktivitäten finden Sie wie gewohnt auf den Auftragskarten.*

Das ABC

von Katrin Klöckner

mit Illustrationen von Anja Freudiger, Tina Theel und Annukka Gruschwitz

Das deutsche „ABC“

Das Wort „Alphabet“ ist aus den ersten beiden Buchstaben des griechischen Alphabetes αλφα („alpha“) und βετα („beta“) zusammengesetzt. Die deutsche Alphabetreihe umfasst 26 Buchstaben. Dabei gibt es keine eindeutige Laut-Buchstaben-Zuordnung, d.h. ein Buchstabe kann für mehrere Laute stehen. Des Weiteren gibt es verschiedene Buchstabenkombinationen, die bestimmte Laute abbilden (beispielsweise Sch, Ch, St).

Das deutsche Alphabet, so, wie wir es heute kennen, hat eine lange Entwicklungsgeschichte hinter sich.

Das erste Alphabet entstand bereits etwa 2000 v. Chr. in Ägypten. Der Ursprung des griechischen und lateinischen Alphabets, aus dem sich unser heutiges deutsches Alphabet entwickelt hat, ist das phönizische Alphabet. Vergleicht man verschiedene Alphabete miteinander, etwa das griechische, lateinische, deutsche und phönizische, so fällt auf, dass viele Buchstaben ähnlich sind, dass beim Übergang eines Alphabetes in ein anderes aber immer wieder auch Buchstaben neu hinzugekommen und/oder weggefallen sind. Auch die Reihenfolge der Buchstaben hat sich im Laufe der Zeit etwas verändert.

Das ABC in der Grundschule

So interessant es sprachwissenschaftlich auch ist, zu wissen, wann, wo und wie genau sich Alphabetschriften entwickelt haben, so ist es für die Kinder in der Grundschule vor allem von Bedeutung, zu wissen, dass es ein Alphabet gibt. Das bedeutet, es existiert eine überschaubare Anzahl von Buchstaben, aus denen alle Wörter gebildet werden können, die es im Deutschen gibt.

Diese Buchstaben haben eine feste Ordnung, eine feste Reihenfolge, ähnlich der Zahlenfolge der natürlichen Zahlen. Diese Ordnung dient dazu, Wörter in Listen einzuordnen und leicht wieder aufzufinden, ohne dass beim Heraussuchen eines bestimmten Wortes eine ganze (unter Umständen sehr lange) Liste von Wörtern komplett durchgelesen werden muss. Das Alphabet in der richtigen Reihenfolge zu kennen, ist also von großem Nutzen, wenn man Wörter in Registern sucht, mit Lexika oder Bestimmungsbüchern arbeitet oder Namen in Telefonbüchern oder -listen sucht.

Bei der Arbeit mit elektronischen Medien ist die Kenntnis der Alphabetreihe oft entbehrlich, da man einfach ein Suchwort eingibt und der Computer ohne weiteres Zutun die Suchergeb-

nisse präsentiert. Dennoch ist die Kenntnis der Alphabetreihe auch im Zeitalter der neuen Medien nach wie vor unentbehrlich: Zum Beispiel für die Arbeit mit dem Wörterbuch, die einen wichtigen Baustein im Deutschunterricht der Grundschule darstellt, ist die Kenntnis der Alphabetreihe eine grundlegende Voraussetzung.

Vorbereitungen vor dem Einsatz der Werkstatt

Station 1: Die Punktebilder werden jeweils 2–3 Mal kopiert und laminiert. Die Kinder können dann mit einem wasserlöslichen Folienstift arbeiten. Das fertig gelöste Bild zeigen sie der Lehrkraft vor und wischen das Blatt anschließend wieder sauber.
Die Kinder können sich frei entscheiden, ob sie ein, zwei oder alle drei Punktebilder lösen möchten.

Station 5: Zettel bereitlegen, auf die die Kinder die lustigen Namen aufschreiben.
Differenzierung: Der Anfangsbuchstabe des Namens wird gekennzeichnet (farblich hervorgehoben, unterstrichen, umkreist, ...).

Station 6: Stationsblätter mit Schmuckrahmen mit „Jungenmotiven" und mit „Mädchenmotiven" zur Verfügung stellen. Diese Blätter sind einmal in Schwarz-Weiß und einmal in Farbe vorhanden, sodass Sie auswählen können, welche Schmuckrahmen Sie zur Verfügung stellen möchten. Die Kinder können natürlich auch ein eigenes Schmuckblatt gestalten, hierfür sollte weißes Schreibpapier bereit gestellt werden.
Die Kinder können hier auch als ABC-Liste ihre besonderen Fähigkeiten eintragen, Wünsche, Lernwörter, usw.

Station 7: Als „Fühlsäckchen" sind alle Arten von kleinen Stoffbeuteln geeignet (auch kleine Stoff-Tragetaschen, kleine Stoff-Turnbeutel, ...).
Die Fühlsäckchen werden mit 5–8 verschiedenen Großbuchstaben gefüllt (geeignet sind z.B. Holz-Buchstaben, Moosgummi-Buchstaben, Plastik-Buchstaben von der Magnettafel). Es können auch Buchstaben aus Pappe oder laminiertem Papier verwendet werden: Um diese herzustellen, werden die beiden Buchstabenvorlagen auf den Stationsblättern kopiert, ausgeschnitten und laminiert.
Hinweis: Werden laminierte Buchstaben zum Fühlen verwendet, sollten die Ecken der Buchstaben rund geschnitten werden, damit sich die Kinder beim Tasten nicht an scharfen Ecken verletzen. Die Buchstaben auf den beiden Stationsblättern können auch als Schablo-

nen dienen, um Buchstaben aus Moosgummiplatten auszuschneiden. Am besten werden mehrere Fühlsäckchen gefüllt und bereitgelegt, so können mehrere Kinder gleichzeitig diese Station bearbeiten.
Die Kinder erkennen durch Tasten, welche Buchstaben sich in ihrem Fühlsäckchen befinden und ziehen die Buchstaben dann in alphabetischer Reihenfolge heraus.
Leichtere Variante:
Die Kinder fühlen und erkennen einen Buchstaben, benennen ihn und ziehen ihn aus dem Fühlsäckchen. Sie legen den Buchstaben vor sich auf den Tisch. Erst, nachdem sie auf diese Weise alle Buchstaben aus dem Fühlsäckchen geholt haben, sortieren sie die auf dem Tisch liegenden Buchstaben nach dem ABC.
Anspruchsvollere Varianten:

- Die Fühlsäckchen werden mit mehr (oder mit allen 26) Buchstaben gefüllt.
- In der Auswahl der Buchstaben in dem Fühlsäckchen befinden sich ein oder mehrere Buchstaben doppelt.
- Die Fühlsäckchen werden sowohl mit Groß- als auch mit Kleinbuchstaben gefüllt.

Station 8: Sie können diese Station in laminierter Form anbieten und müssen nicht für jedes Kind eine Kopie anfertigen. Legen Sie in diesem Fall wasserlösliche Folienstifte und Papiertücher zum Reinigen der Blätter bereit. Die Kinder können die Vorgänger und Nachfolger auf einen Zettel oder in ihr Heft abschreiben.

Station 9: Das Bild der ABC-Straße einmal farbig laminieren oder in eine Klarsichthülle stecken. Es sollte an der Station ausgelegt oder zur Ansicht an die Tafel/Pinnwand gehängt werden.

Station 10: Klassenliste, auf der die Namen aller Schüler nach dem Nachnamen sortiert sind, 3–4 Mal kopieren und an dieser Station auslegen. Beim Ordnen der Namen nach alphabetischer Reihenfolge der Vornamen können die Nachnamen hinzugefügt oder weggelassen werden. Haben zwei oder mehrere Kinder in der Klasse den gleichen Vornamen, so sollte zumindest der Anfangsbuchstabe des Nachnamens hinzugefügt werden (hier sollte dann wieder auf die alphabetische Reihenfolge geachtet werden).

Station 12: Für die Arbeit an dieser Station möglichst viele verschiedene Samentütchen besorgen (Baumarkt, Drogerie, Blumenhandlung, Gartencenter, ...). Eventuell können auch

Schüler oder Kollegen Samentütchen von zu Hause mitbringen.
Teil 1 und Teil 2 je nach Klassengröße 2–3 Mal kopieren. Die Kinder können sich diese Blätter mit an ihren Platz nehmen, wenn sie die Station bearbeiten und legen sie im Anschluss zurück.
Den Steckbrief – Teil 3 – für alle Kinder einmal kopieren.
Die Kinder sortieren die Samentütchen nach dem ABC (nach Pflanzennamen). Dann suchen sie entsprechend der Listen die Samentütchen heraus, deren Samen im aktuellen Monat gesät werden können. Für eine dieser Pflanzen erstellen die Kinder einen Steckbrief. Die Steckbriefe können entweder in die Mappe der Kinder geheftet oder gesammelt und zu einer Klassen-Pflanzenliste zusammengebunden werden, die dann in der Leseecke ihren Platz finden kann.

Station 13: Für diese Station ist kein Stationsblatt erstellt worden, da die Kinder Bücherei spielen und dabei verschiedene Bücher nach dem ABC ordnen. Eine Schreibaufgabe ist hier also nicht nötig, vielmehr rückt der spielerische Aspekt in den Vordergrund. Die Kinder erfahren durch das Sortieren der Bücher ganz praktisch, dass das Auffinden von Büchern einfacher ist, wenn diese alphabetisch geordnet sind.
Legen Sie 10–20 Bücher bereit, die sich gut nach Titel oder Autor alphabetisch ordnen lassen (Leseecke, Schulbücherei, öffentliche Bücherei, privat mitgebracht von Lehrkraft und/oder Kindern).
Für diese Station braucht man außerdem noch eine Fläche, auf der die Bücher aufgestellt werden können (Regal, 1–2 freie Regalbretter, Tisch, der in der Ecke an der Wand steht, großer Karton, ...) sowie einen Tisch oder Karton, auf (bzw. in) dem die Bücher zunächst ungeordnet abgelegt werden können.
Außerdem wird ein Einkaufskorb, (Körbchen, Karton, Stoff-Tragetasche) benötigt, in den die Kinder die entliehenen Bücher legen können.
Bevor die Kinder an dieser Station arbeiten, bereitet die Lehrkraft etwa 5 verschiedene Listen vor, auf die sie jeweils 5–8 der Bücher (unter Angabe von Titel und Autor) schreibt. Diese Listen nutzen die Kinder an dieser Station für das Entleihen der Bücher.
Die Listen werden in einem kleinen Kasten (einer Schachtel, einem Körbchen) an der Station bereitgelegt.

Station 14: Die Tierkärtchen jeweils 2–3 Mal kopieren, laminieren und ausschneiden. Die Kärtchen, die mit demselben Anfangsbuchstaben beginnen, jeweils unsortiert in kleine Körb-

chen oder Schachteln legen und an der Station bereitstellen.
Differenzierung: Bei den Kärtchen, auf denen eine Glühbirne abgebildet ist, muss nach dem 2., 3., 4. oder 5. Buchstaben sortiert werden.
Für die Lösung die Lösungsblätter kopieren, in Streifen schneiden, laminieren und in Briefumschläge stecken. Auf dem Briefumschlag den Anfangsbuchstaben der Tierkartenserie vermerken.
Die Kinder kontrollieren dann selbstständig mit Hilfe der Lösungsstreifen, ob sie richtig sortiert haben. Alternativ oder zusätzlich kann ein Tierlexikon an der Station bereitgelegt werden, mit dem die Kinder die Reihenfolge der Tiernamen überprüfen können.
Kinder, die schon schnell fertig sind, können hier zudem Informationen über die Tiere, die auf den Kärtchen genannt werden, bekommen (und ggf. ihren Klassenkameraden berichten).

Station 15: An dieser Station eine Klassenliste, auf der die Namen nach dem ABC sortiert sind, sowie eine unsortierte Klassenliste bereitlegen. Beide Listen laminieren oder in Klarsichthüllen stecken, damit die Kinder mit Folienstiften die gefundenen Namen abhaken können.
Nach Abschluss der Arbeit werden die Folien wieder gesäubert und zusammen mit den Stiften an die Station zurückgelegt.

Station 16: Als Anregung können an dieser Station verschiedene Listen bereitgelegt werden: Klassenliste, Telefonbuch, Gelbe Seiten, Lexikon, Einkaufszettel, Register, usw.

Station 17: Ein oder mehrere Wörterbücher bereitlegen (Klassenbücherei, Schulbücherei, öffentliche Bücherei, privat mitbringen). Vorher kontrollieren, ob die angegebenen Wörter auch in den ausgewählten Wörterbüchern enthalten sind.
Differenzierung: Die Lehrkraft bereitet eine alphabetisch geordnete Liste vor, die die gesuchten Wörter und zusätzliche Wörter (jeweils mit Bedeutung) enthält, sodass die Kinder in dieser Liste suchen können.

Station 18:
Für diese Station ein Wörterbuch (beispielsweise Duden, Schülerduden) zur Verfügung stellen.
Alternativ kann die Lehrkraft für diese Station auch selbst eine (zweiseitige) Liste erstellen, auf der sie die gesuchten Wörter sowie auch zusätzliche Wörter alphabetisch ordnet und den

oder die passenden Artikel dazu angibt.

Anmerkung zu den Lösungen:

Diese Lösung sollen die Kinder finden:

passender Artikel laut Duden

Kreisen die Kinder Artikel ein, die in den Lösungen gepunktet oder gestrichelt umkreist sind, sind diese Lösungen auch in Ordnung. Die Lehrkraft sollte dann aber darauf hinweisen, dass diese Artikel wie folgt gebraucht werden:

österreichisch

umgangssprachlich

Das Lösungsblatt zu dieser Station kann auf Folie kopiert werden. Die Kinder können dann das Lösungsblatt über ihr Arbeitsblatt legen und vergleichen. Alternativ kann die Lösungsfolie auch per Overheadprojektor gezeigt und besprochen werden, nachdem alle Kinder diese Station bearbeitet haben.

Auf den Auftragskarten zu den Stationen befinden sich jeweils Zeichnungen von einem, zwei oder drei Kindern. Diese zeigen an, ob eine Station in Einzelarbeit (= Zeichnung von einem Kind), Partnerarbeit (= Zeichnung von zwei Kindern) oder Gruppenarbeit (= Zeichnung von drei Kindern) durchgeführt werden sollte.

Ausblick und Weiterarbeit

Station 12 (Klassen-Pflanzenliste) kann als fächerübergreifender Startschuss für ein kleines Schulgartenprojekt dienen. Wer möchte – und die räumlichen sowie zeitlichen Gegebenheiten vorfindet – kann ein kleines Beet auf dem Schulhof anlegen. Doch auch die minimalistischere Variante ist erfolgversprechend: Im Klassenzimmer wird ein kleines Kräuterfensterbrett angelegt. Hierzu sind Blumentöpfe oder auch leere Jogurtbecher nötig, die mit Erde und Samen gefüllt werden. Vor dem Säen bitte genau die Hinweise auf der Samentüte durchlesen und beachten. Bitte zusätzlich auf die örtlichen Gegebenheiten achten (Raumtemperatur und Luftfeuchtigkeit, bzw. Witterung, Sonne, Schatten, etc.).

Zusätzlich zu den Stationen können noch folgende Spiele durchgeführt werden:

- Alle Kinder der Klasse bekommen einen Buchstaben des Alphabetes zugewiesen (auf Pappe ausgehändigt, aufgeklebt, ...). Der Spielleiter nennt einen Buchstaben. Die Kinder, die Vorgänger und Nachfolger dieses Buchstabens sind, müssen aufstehen.
- Alle Kinder der Klasse stellen sich in einer Reihe so auf, dass ihre Vornamen nach dem Alphabet geordnet sind.
- Ein einfaches Spiel für den Stuhlkreis kann jeden Morgen als Einführung zur Werkstattarbeit gespielt werden: Die Lehrperson (oder ein Kind) gibt ein Thema vor, z.B. Mädchennamen, Lebensmittel, Hundenamen, ... Reihum wird nun in alphabetischer Reihenfolge zu jedem Buchstaben des ABC ein passendes Wort gefunden.
- Die Lehrperson oder ein Kind sagt laut ein beliebiges Wort, z.B. „Maus“. Nun wird reihum das Alphabet aufgesagt. Bei jedem Buchstaben, der in dem genannten Wort vorkommt, muss „Oweia“ gesagt werden. Dieses Spiel ist etwas kniffelig, da nicht nur das ABC „sitzen“ muss, sondern auch die Konzentration gefragt ist. Um das Spiel anfangs einfacher zu gestalten, kann das entsprechende Wort für alle sichtbar an die Tafel geschrieben werden.

Wir wünschen Ihnen viel Freude und Erfolg beim Einsatz der Werkstatt!

Literaturverzeichnis

(Quellen und weiterführende Literatur zum Thema)

Andresen, Ute / Popp, Monika: ABC und alles auf der Welt. Ein Lese-Schatz-Buch. 5. Auflage: Beltz, 2003.

Drosdowski, Günther; Eisenberg, Peter (Hrsg): Duden „Grammatik der deutschen Gegenwartssprache“. 5., völlig neu bearbeitete und erweiterte Auflage. Mannheim; Leipzig; Wien; Zürich: Dudenverlag, 1995.

Duden: Die deutsche Rechtschreibung. 25., völlig neu bearbeitete und erweiterte Auflage. Mannheim: Dudenverlag, 2009.

Glück, Helmut (Hrsg.): Metzler Lexikon Sprache. 4., aktualisierte und überarbeitete Auflage. Stuttgart, Weimar: Metzler, 2010.

Haarmann, Harald: Geschichte der Schrift. Von den Hieroglyphen bis heute. München: Beck, 2002.

Kleinelümern-Depping, Langner, Christina: Mein buntes Tierlexikon von A-Z. cbj, 2010.

Pott, Eckart: Das große Ravensburger Tierlexikon von A-Z. Ravensburger, 2011.

Laufzettel

Name: ______________________________

Station	erledigt	Unterschrift
Station 1 – ABC-Bilder		
Station 2 – Geheimschrift		
Station 3 – ABC-Raupe		
Station 4 – Hüpfekästchen		
Station 5 – Lustige Namen		
Station 6 – ABC-Darium		
Station 7 – Buchstaben fühlen		
Station 8 – Vorgänger und Nachfolger		
Station 9 – ABC-Straße		
Station 10 – Meine Klassenliste		
Station 11 – Kinder sortieren		
Station 12 – Klassen-Pflanzenliste		
Station 13 – Buchausleihe		
Station 14 – Tiernamen sortieren		
Station 15 – Kinder suchen		
Station 16 – ABC im täglichen Leben		
Station 17 – Schlag im Wörterbuch nach!		
Station 18 – der, die, das		

Station 1 – ABC-Bilder

So geht es:

1. Welche Tiere verstecken sich hier?

2. Verbinde die Punkte von A bis Z in der richtigen Reihenfolge.

Station 2 – Geheimschrift

So geht es:

1. Suche dir einen Partner.

2. Lest gemeinsam den Text.

3. Löst dann die Geheimschrift.

4. Was werden Anita und Sebastian jetzt tun? Erzählt!

Station 3 – ABC-Raupe

So geht es:

1. Schneide die Raupenteile aus.

2. Ordne die Buchstaben nach dem ABC.

3. Klebe die ABC-Raupe auf ein Blatt von deinem Zeichenblock.

Station 4 – Hüpfekästchen

So geht es:

1. Malt die Hüpfekästchen vom Stationsblatt mit Kreide auf dem Schulhof auf. (Ihr könnt euch auch eigene Hüpfekästchen mit Buchstaben überlegen.)

2. Könnt ihr die Hüpfekästchen in der richtigen alphabetischen Reihenfolge entlanghopsen?

Station 5 – Lustige Namen

So geht es:

1. Jeder schreibt seinen Namen auf einen Zettel.

2. Sortiert die Buchstaben nach dem ABC und schreibt eure Namen noch einmal auf. Kannst du deinen Namen so laut vorlesen?

4. Schreibt einen Namen aus eurer Gruppe als „lustigen Namen“ an die Tafel.

5. Kann ein Kind aus einer anderen Gruppe erraten, welcher Name das ist?

Station 6 – ABC-Darium

So geht es:

1. Denkt euch ein Thema aus (z.B. Freundinnen, Dinosaurier, Sportarten, ...).

2. Sucht euch ein Stationsblatt aus, auf dem euch der Rahmen besonders gut gefällt.

3. Schreibt zu jedem Buchstaben ein Wort auf, das mit diesem Buchstaben beginnt und zu eurem Thema passt.

Station 7 – Buchstaben fühlen

So geht es:

1. Ertaste die Buchstaben im Fühlsäckchen.
2. Ziehe nun alle Buchstaben in der richtigen Reihenfolge des ABC heraus und lege sie vor dich auf den Tisch.

Station 8 – Vorgänger und Nachfolger

So geht es:

1. Finde den Vorgänger oder Nachfolger der Buchstaben.
2. Trage auf dem Stationsblatt die richtigen Vorgänger und Nachfolger ein.
3. Wenn du alles richtig gelöst hast, erhältst du zwei Lösungswörter.

Station 9 – ABC-Straße

So geht es:

1. Schau dir das Bild von der ABC-Straße an.
2. Suche die Häuser, nach denen auf dem Stationsblatt gefragt wird.
3. Beantworte die Fragen schriftlich auf dem Stationsblatt.

Station 10 – Meine Klassenliste

So geht es:

1. Nehmt euch eine Namensliste eurer Klasse.
2. Schreibt nun die Namen aller Kinder auf das Stationsblatt.
3. Ordnet dabei die Vornamen aller Kinder nach dem ABC.
4. Falls zwei oder mehr Kinder den gleichen Vornamen haben, schreibt auch den Nachnamen dazu. Ordnet dann auch die Nachnamen nach dem ABC.

Station 11 – Kinder sortieren

So geht es:

1. Es arbeiten immer 5 oder 6 Kinder zusammen.

2. Stellt euch so nebeneinander, dass eure Vornamen nach dem ABC sortiert sind.

3. Zeigt diese Reihe eurer Lehrerin oder eurem Lehrer, bevor ihr die Station auf dem Laufzettel als „erledigt“ abhakt.

Station 12 – Klassen-Pflanzenliste

So geht es:
1. Sortiert die Samentütchen nach dem ABC.
2. Zeigt eurem Lehrer oder eurer Lehrerin, wie ihr sortiert habt.
3. Schaut in der Liste nach, welche Samen in diesem Monat gesät werden können.
4. Sucht euch ein Samentütchen aus und schreibt einen Steckbrief.
5. Mischt dann die Samentütchen wieder.
6. Nachdem alle Kinder diese Station bearbeitet haben, könnt ihr gemeinsam die Samen für diesen Monat aussäen (im Blumentopf oder Schulgarten).

Station 13 – Buchausleihe

So geht es:

1. Arbeitet zu dritt zusammen:
   - Ein Kind stellt die Bücher ins Regal
     und sortiert sie nach dem ABC (nach Autor oder Titel).
   - Ein Kind nimmt einen Zettel und leiht die Bücher aus, die darauf stehen.
   - Ein Kind sucht die Bücher heraus, die ausgeliehen werden.
2. Tauscht dann die Rollen.
3. Zum Schluss legt ihr die Zettel wieder zurück in den Kasten und alle Bücher wieder durcheinander auf den Tisch.

Station 14 – Tiernamen sortieren

So geht es:

1. Suche dir eine Schachtel mit Tierkärtchen aus.

2. Sortiere die Tiernamen nach dem ABC.

3. Kontrolliere mit einem Tierlexikon oder mit dem Lösungsblatt.

4. Bring dann die Kärtchen zurück zur Station.

Station 15 – Kinder suchen

So geht es:

1. Arbeitet zu dritt zusammen.
   - Bestimmt einen Spielleiter.
   - Ein Kind nimmt sich die Klassenliste, auf der die Namen nach dem ABC sortiert sind.
   - Ein Kind nimmt sich eine unsortierte Klassenliste.
2. Der Spielleiter nennt nun Namen von Kindern aus der Klasse.
3. Welches Kind findet die Namen schneller:
   das Kind mit der sortierten Liste oder das Kind mit der unsortierten Liste?

Station 16 – ABC im täglichen Leben

So geht es:

1. Arbeitet zu zweit zusammen.

2. Überlegt, welche Listen ihr kennt.

3. Schreibt diese Listen auf.

4. Welche Listen sind nach dem ABC sortiert, welche nicht?

Station 17 – Schlag im Wörterbuch nach!

So geht es:

1. Lies die Wörter.

2. Überlege, was sie bedeuten könnten und schreibe deine Vermutung auf.

3. Schau dann im Wörterbuch nach.

4. Schreibe die Bedeutung auf, die du im Wörterbuch gefunden hast.

Station 18 – der, die, das

So geht es:

1. Lies die Wörter.

2. Überlege, welcher Begleiter zu welchem Wort gehört.
   (Zu manchen Wörtern passen auch zwei oder sogar alle drei Begleiter.)

3. Kreise die richtigen Begleiter ein.

4. Kontrolliere dann mit dem Wörterbuch.

Station 1 – ABC-Bilder

Station 1 – ABC-Bilder

Station 1 – ABC-Bilder

Station 2 – Geheimschrift (Teil 1)

Anita und Sebastian haben beim Spielen am Bach eine Flaschenpost gefunden. Sie nehmen die Flasche mit nach Hause.

Nach einer Weile gelingt es ihnen, den Zettel aus der Flasche zu ziehen. Anita und Sebastian stellen fest, dass der Zettel in einer Geheimschrift geschrieben ist. Sie rätseln den ganzen Nachmittag.

Das steht auf dem Zettel:

20	15	13

8	1	20

1	21	6

4	5	13

4	1	3	8	2	15	4	5	14

5	9	14	5

19	3	8	1	20	26	11	1	18	20	5

5	14	20	4	5	3	11	20	!
								!

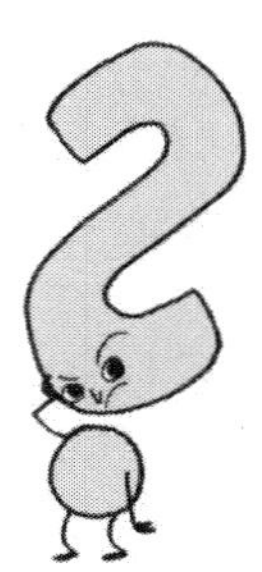

Station 2 – Geheimschrift (Teil 2)

Schließlich haben sie nach etwas Überlegen die Lösung gefunden und können die Geheimschrift lesen. Jede Zahl steht für einen Buchstaben des ABC: 1 bedeutet A, 2 bedeutet B, 3 bedeutet C, usw.

Code zum Entschlüsseln der Geheimschrift:

1	2	3	4	5	6
A	B	C	D	E	F
7	8	9	10	11	12
G	H	I	J	K	L
13	14	15	16	17	18
M	N	O	P	Q	R
19	20	21	22	23	24
S	T	U	V	W	X
		25	26		
		Y	Z		

Station 3 – ABC-Raupe

Station 4 – Hüpfekästchen

G	I	H	J	L	K	M

F
E D E
C
B
A

S
R Q T
N O P U V

S R T
Q U
P V
O W
N Y
M X
Z

C B A
D
E
F
G H

Station 6 – ABC-Darium

A ____________________	N ____________________
B ____________________	O ____________________
C ____________________	P ____________________
D ____________________	Q ____________________
E ____________________	R ____________________
F ____________________	S ____________________
G ____________________	T ____________________
H ____________________	U ____________________
I ____________________	V ____________________
J ____________________	W ____________________
K ____________________	X ____________________
L ____________________	Y ____________________
M ____________________	Z ____________________

Station 6 – ABC-Darium

A ____________________

B ____________________

C ____________________

D ____________________

E ____________________

F ____________________

G ____________________

H ____________________

I ____________________

J ____________________

K ____________________

L ____________________

M ____________________

N ____________________

O ____________________

P ____________________

Q ____________________

R ____________________

S ____________________

T ____________________

U ____________________

V ____________________

W ____________________

X ____________________

Y ____________________

Z ____________________

Station 6 – ABC-Darium

A ____________________

B ____________________

C ____________________

D ____________________

E ____________________

F ____________________

G ____________________

H ____________________

I ____________________

J ____________________

K ____________________

L ____________________

M ____________________

N ____________________

O ____________________

P ____________________

Q ____________________

R ____________________

S ____________________

T ____________________

U ____________________

V ____________________

W ____________________

X ____________________

Y ____________________

Z ____________________

Station 6 – ABC-Darium

A	________________	N	________________
B	________________	O	________________
C	________________	P	________________
D	________________	Q	________________
E	________________	R	________________
F	________________	S	________________
G	________________	T	________________
H	________________	U	________________
I	________________	V	________________
J	________________	W	________________
K	________________	X	________________
L	________________	Y	________________
M	________________	Z	________________

Station 7 – Buchstaben fühlen

A B C D

E F G H

I J K L

Station 7 – Buchstaben fühlen

M N O P

Q R S T

U V W X

Y Z

Station 8 – Vorgänger und Nachfolger (Teil 1)

Trage jeweils den Vorgänger der angegebenen Buchstaben ein:

Trage jeweils den Nachfolger der angegebenen Buchstaben ein:

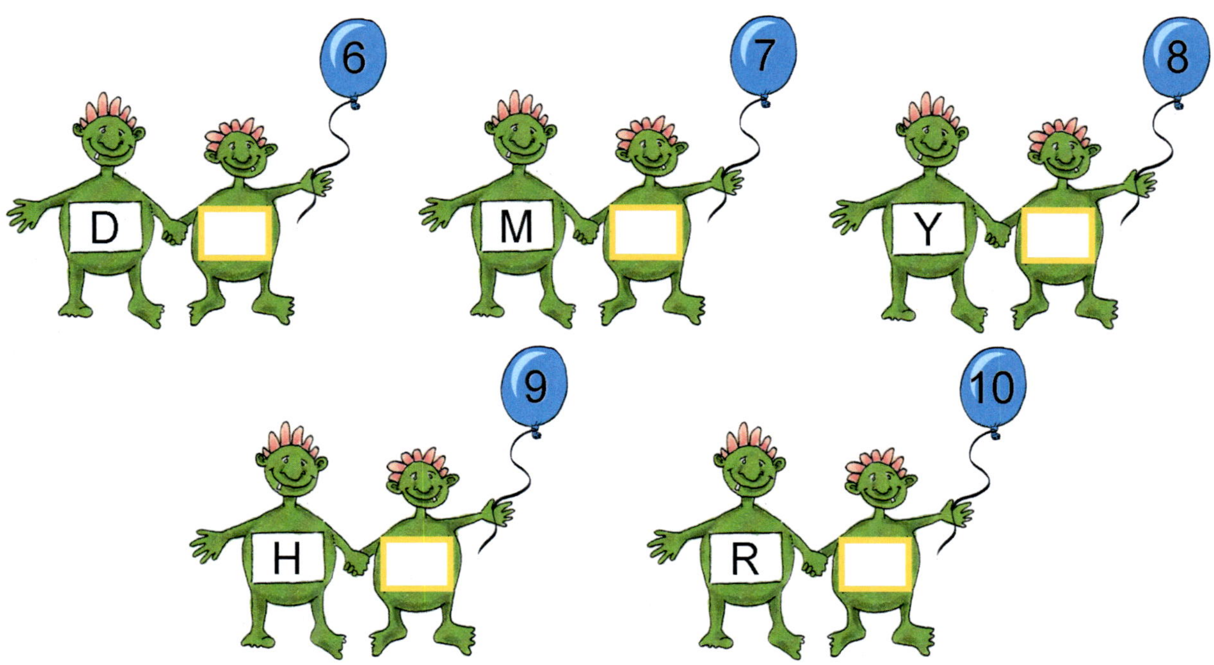

Station 8 – Vorgänger und Nachfolger (Teil 2)

Trage hier jeweils Vorgänger und Nachfolger ein:

Trage hier alle Vorgängerbuchstaben ein.
Du erhältst dann ein Lösungswort.

11	1	2	3	4	5	13

Trage hier alle Nachfolgerbuchstaben ein.
Du erhältst dann ein Lösungswort.

14	12	9	7	8	6	10	10	9	7

Station 9 – ABC-Straße

Station 9 – ABC-Straße

1. Welches Haus steht rechts neben dem Haus H?

2. Wie sind die beiden Häuser links und rechts neben dem Haus M

3. Welches Haus steht zwischen den Häusern U und W?

4. Welche beiden Häuser stehen links und rechts neben dem Haus S?

5. Welches Haus steht links neben dem Haus E?

6. Welches Haus steht rechts neben dem Haus B?

7. Welche beiden Häuser stehen links und rechts neben dem Haus K?

8. Welche Häuser stehen zwischen den Häusern O und R?

Zwischen den Häusern A und B war noch Platz. Hier wurde ein neues Haus gebaut. Wie könnte die Familie ihr Haus beschriften, damit der Postbote die Post richtig zustellen kann?

Station 10 – Meine Klassenliste

1.	**16.**
2.	**17.**
3.	**18.**
4.	**19.**
5.	**20.**
6.	**21.**
7.	**22.**
8.	**23.**
9.	**24.**
10.	**25.**
11.	**26.**
12.	**27.**
13.	**28.**
14.	**29.**
15.	**30.**

Station 12 – Klassen-Pflanzenliste (Teil 1)

Beispiele für Samen, die im Schulgarten gesät werden können:

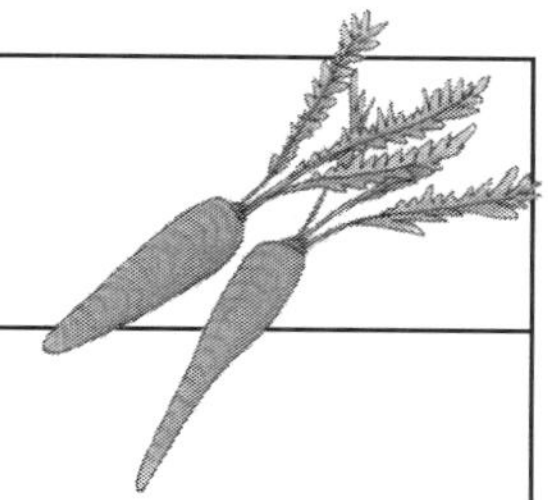

Monat	Pflanzen
Februar	Möhren, Petersilienwurzel, Schnittlauch
März	Kornblume, Lavendel, Möhren, Oregano, Petersilie, Pfefferminze, Ringelblumen, Schnittlauch, Zitronenmelisse
April	Dill, Fenchel, Kamille, Kresse, Lavendel, Oregano, Petersilie, Pfefferminze, Schnittlauch, Zitronenmelisse
Mai	Dill, Kamille, Kapuzinerkresse, Kresse, Lavendel, Oregano, Petersilie, Pfefferminze, Schnittlauch, Zitronenmelisse
Juni	Dill, Fenchel, Kamille, Kapuzinerkresse, Kresse, Lavendel, Petersilie, Pfefferminze, Schnittlauch, Zitronenmelisse
Juli	Dill, Kamille, Kapuzinerkresse, Kresse, Möhren, Petersilie, Schnittlauch, Zitronenmelisse
August	Dill, Kresse, Möhren, Petersilie, Radieschen, Schnittlauch, Zitronenmelisse
September	Kresse, Radieschen
November	Möhren

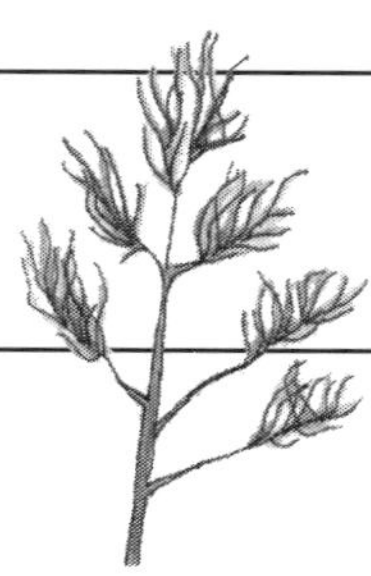

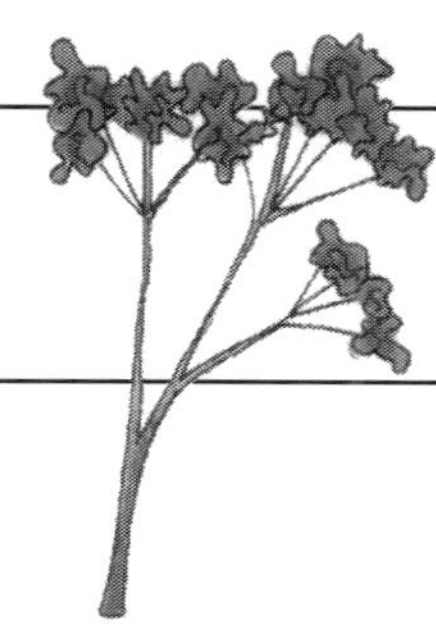

Station 12 – Klassen-Pflanzenliste (Teil 2)

Beispiele für Samen,
die das ganze Jahr über
in Töpfen auf der Fensterbank
ausgesät werden können:

Basilikum
Bohnenkraut
Borretsch
Dill
Estragon
Keimsprossen
Kerbel
Kresse

Lavendel
Majoran
Oregano
Petersilie
Pfefferminze
Rosmarin
Salbei
Schnittlauch
Thymian
Zitronenmelisse

Lernbiene®

Station 12 – Klassen-Pflanzenliste (Teil 3)

Name der Pflanze:

____

So sieht die Pflanze aus:

Kreuze an:

Die Pflanze gehört

zu folgender Gruppe:

- O Blumen
- O Kräuter
- O Gemüse

AUSSAAT

Zeit: ____

Ort: ____

ERNTE

Zeit: ____

Was ich noch über diese Pflanze weiß:

____

____

____

Station 14 – Tiernamen sortieren

Gans	Hase
Giraffe	Heuschrecke
Glühwürmchen	Hirsch
Goldhamster	Honigbiene
Grashüpfer	Huhn

Eichhörnchen	Wal
Elefant	Wellensittich
Ente	Wiesel
Esel	Wolf
Eule	Wüstenfuchs

Station 14 – Tiernamen sortieren

Flamingo	Kabeljau
Fledermaus	Kaiseradler
Fliege	Kakadu
Floh	Kamel
Flussaal	Katze
Eisbär	Hausente
Eisfuchs	Hausgans
Eishai	Haushuhn
Eistaucher	Hauskatze
Eisvogel	Hausmaus

Station 16 – ABC im täglichen Leben

Nach dem ABC sortiert	NICHT nach dem ABC sortiert

Station 17 – Schlag im Wörterbuch nach!

Wörter	**Meine Vermutung**	**Bedeutung laut Wörterbuch**
Atoll		
Biographie		
feminin		
Kandidat		
liberal		
Mandoline		
passiv		
Rabatt		
solide		
Transparenz		

Station 18 – der, die, das

Welcher Artikel ist richtig?

der	die	das	Iglu	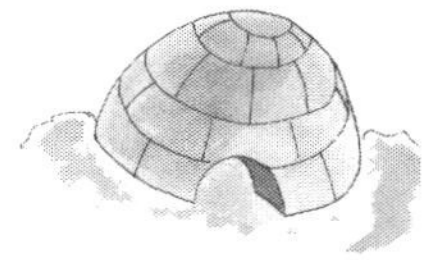
der	die	das	Joghurt	
der	die	das	Kaugummi	
der	die	das	Krake	
der	die	das	Paprika	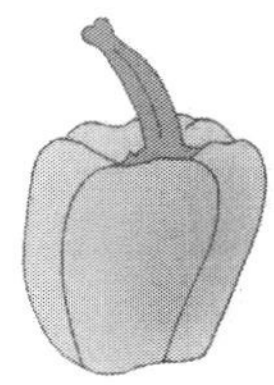
der	die	das	Pfand	
der	die	das	Puder	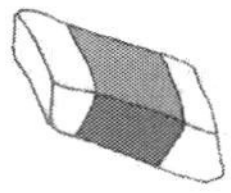
der	die	das	Radiergummi	
der	die	das	Triangel	
der	die	das	Bonbon	
der	die	das	Körperteil	
der	die	das	Pflaster	
der	die	das	Ketchup	
der	die	das	Gokart	

Station 1 – ABC-Bilder (Lösung)

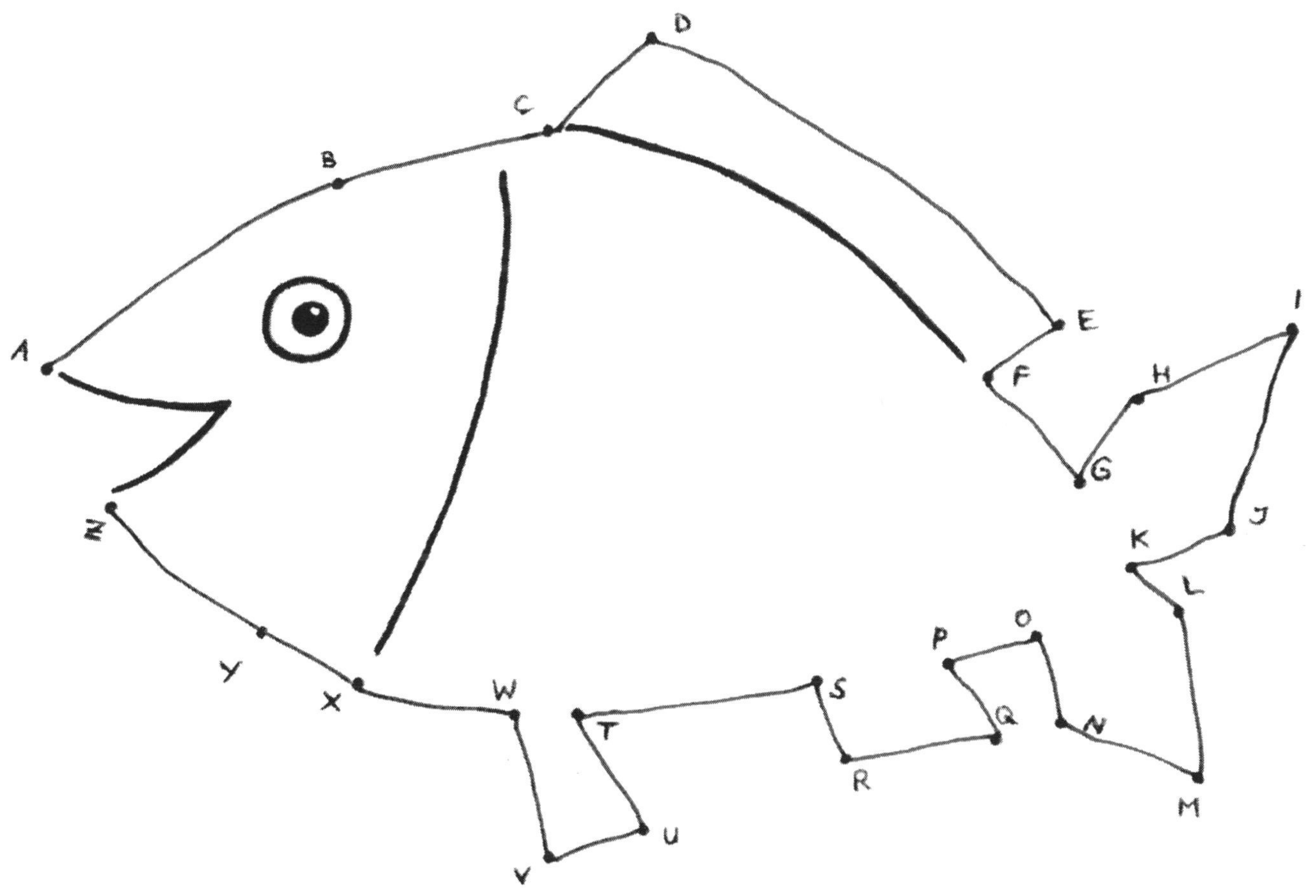

Station 1 – ABC-Bilder (Lösung)

Station 1 – ABC-Bilder (Lösung)

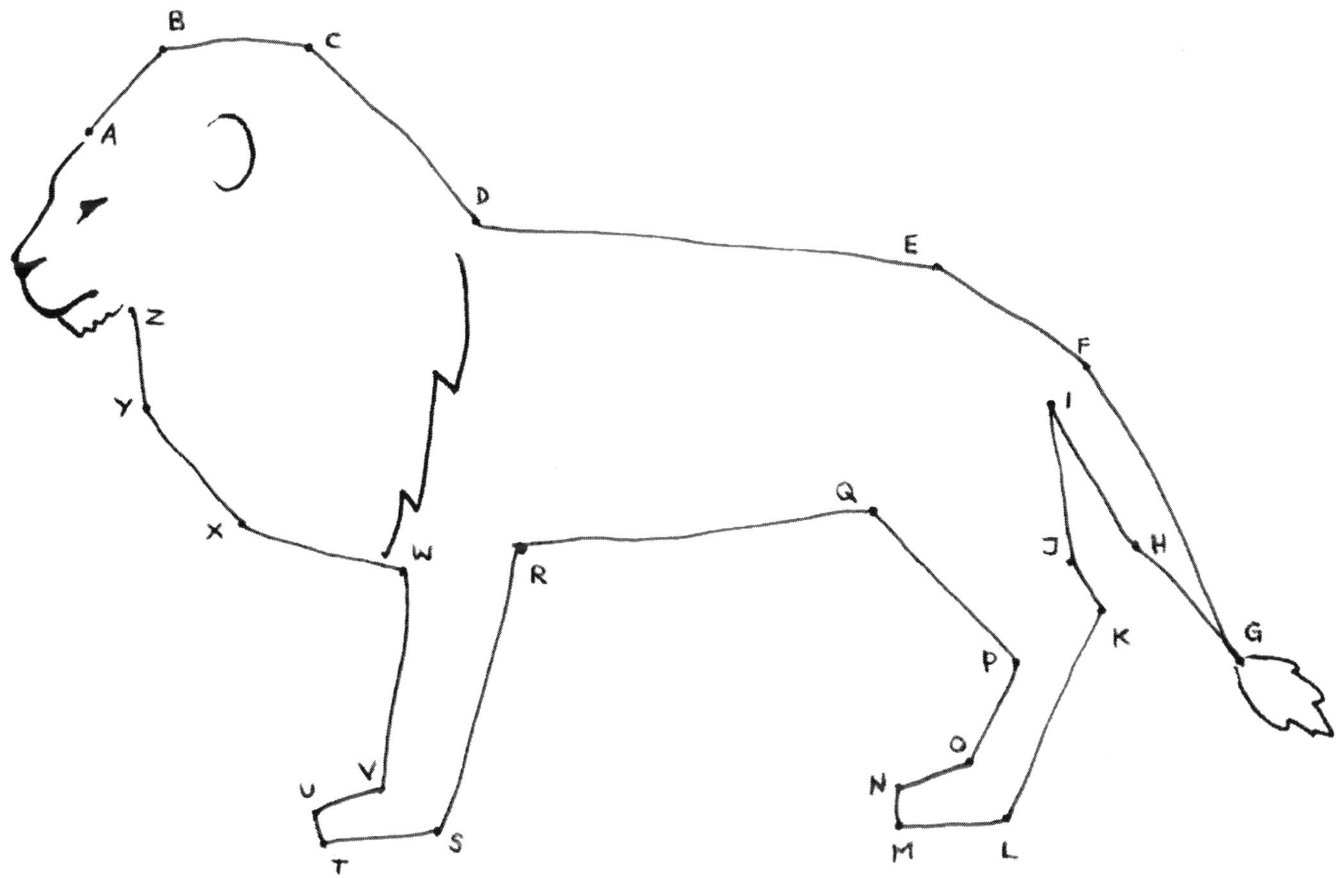

Station 2 – Geheimschrift Teil 1 (Lösung)

Anita und Sebastian haben beim Spielen am Bach eine Flaschenpost gefunden. Sie nehmen die Flasche mit nach Hause.

Nach einer Weile gelingt es ihnen, den Zettel aus der Flasche zu ziehen. Anita und Sebastian stellen fest, dass der Zettel in einer Geheimschrift geschrieben ist. Sie rätseln den ganzen Nachmittag.
Das steht auf dem Zettel:

20	15	13	8	1	20	1	21	6	4	5	13
T	**O**	**M**	**H**	**A**	**T**	**A**	**U**	**F**	**D**	**E**	**M**

4	1	3	8	2	15	4	5	14	5	9	14	5
D	**A**	**C**	**H**	**B**	**O**	**D**	**E**	**N**	**E**	**I**	**N**	**E**

19	3	8	1	20	26	11	1	18	20	5	5	14	20	4	5	3	11	20	!
S	**C**	**H**	**A**	**T**	**Z**	**K**	**A**	**R**	**T**	**E**	**E**	**N**	**T**	**D**	**E**	**C**	**K**	**T**	**!**

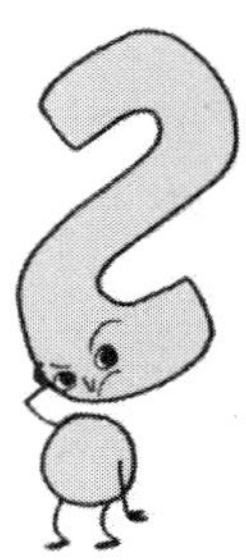

Station 3 – ABC-Raupe (Lösung)

Lösungsvorschlag Station 6 – ABC-Darium

A Allosaurus
B Bambiraptor
C Cetiosaurus
D Deinonychus
E Edmontosaurus
F Fabrosaurus
G Gallimimus
H Herrerasaurus
I Iguanodon
J Juravenator
K Kaijangosaurus
L Lukousaurus
M Magnosaurus
N Nodosaurus
O Ornitholestes
P Parasaurolophus
Q Quantasaurus
R Riojasaurus
S Saurornithoides
T Tyrannosaurus
U Utahraptor
V Velociraptor
W Wannanosaurus
X Xiaosaurus
Y Yimenosaurus
Z Zuniceratops

Lösungsvorschlag Station 6 – ABC-Darium

A	Anna	N	Nele
B	Bea	O	Olivia
C	Chiara	P	Pauline
D	Denise	Q	Quila
E	Emma	R	Rebekka
F	Fiona	S	Saskia
G	Greta	T	Tabea
H	Hannah	U	Ute
I	Ida	V	Vanessa
J	Julia	W	Wiebke
K	Kira	X	Xenia
L	Lara	Y	Yasemin
M	Mia	Z	Zoe

Station 8 – Vorgänger und Nachfolger Teil 1 (Lösung)

Trage jeweils den **Vorgänger** der angegebenen Buchstaben ein:

Trage jeweils den **Nachfolger** der angegebenen Buchstaben ein:

Station 8 – Vorgänger und Nachfolger Teil 2 (Lösung)

Trage hier jeweils Vorgänger und Nachfolger ein:

Trage hier alle Vorgängerbuchstaben ein.
Du erhältst dann ein Lösungswort.

11	1	2	3	4	5	13
P	**I**	**R**	**A**	**T**	**E**	**N**

Trage hier alle Nachfolgerbuchstaben ein.
Du erhältst dann ein Lösungswort.

14	12	9	7	8	6	10	10	9	7
P	**R**	**I**	**N**	**Z**	**E**	**S**	**S**	**I**	**N**

Station 9 – ABC-Straße (Lösung)

1. Welches Haus steht rechts neben dem Haus H?

Rechts neben Haus H steht das Haus I.

2. Wie sind die beiden Häuser links und rechts neben dem Haus M

Links neben Haus M steht das Haus L, rechts das Haus N.

3. Welches Haus steht zwischen den Häusern U und W?

Zwischen den Häusern U und W steht das Haus V.

4. Welche beiden Häuser stehen links und rechts neben dem Haus S?

Links neben dem Haus S steht das Haus R, rechts das Haus T.

5. Welches Haus steht links neben dem Haus E?

Links neben dem Haus E steht das Haus D.

6. Welches Haus steht rechts neben dem Haus B?

Rechts neben dem Haus B steht das Haus C.

7. Welche beiden Häuser stehen links und rechts neben dem Haus K?

Links neben Haus K steht Haus J, rechts neben Haus K steht Haus L.

8. Welche Häuser stehen zwischen den Häusern O und R?

Zwischen den Häusern O und R stehen die Häuser P und Q.

Zwischen den Häusern A und B war noch Platz. Hier wurde ein neues Haus gebaut. Wie könnte die Familie ihr Haus beschriften, damit der Postbote die Post richtig zustellen kann?

Mögliche Beschriftungen: AA, AB, Aa, Ab, Az, ab, AaB

Station 12 – Klassen-Pflanzenliste Teil 3 (Lösungsvorschlag)

Name der Pflanze:

Dill

So sieht die Pflanze aus:

Kreuze an:

Die Pflanze gehört

zu folgender Gruppe:

○ Blumen

● Kräuter

○ Gemüse

AUSSAAT

Zeit: **Ende März bis Juli**

Ort: **Frühbeet, in Töpfe**

ERNTE

Zeit: **je nach Aussaat, geerntet werden die jungen Triebe**

Was ich noch über diese Pflanze weiß:

Dill ist eine bis zu 100 cm hoch werdende Gewürzpflanze. Das junge Kraut wird zu Suppen, gemischten Salaten oder Fisch gegessen. Getrocknet passt Dill zu Quark oder Tomaten.

Station 12 – Klassen-Pflanzenliste Teil 3 (Lösungsvorschlag)

Name der Pflanze:

Möhren „Nantaise 4/Nico“

Kreuze an:

Die Pflanze gehört

zu folgender Gruppe:

- O Blumen
- O Kräuter
- ● Gemüse

So sieht die Pflanze aus:

AUSSAAT

Zeit: **März bis Anfang Mai**

Ort: **Freiland**

ERNTE

Zeit: **je nach Aussaat, für 4–5 Monate**

Was ich noch über diese Pflanze weiß:

Möhren isst man als Rohkost oder im Salat. Man macht daraus Möhrensaft oder isst sie gedünstet als Gemüse. Möhren sind reich an Vitamin A, B1, B2, Carotin und Mineralstoffen.

Station 12 – Klassen-Pflanzenliste Teil 3 (Lösungsvorschlag)

Name der Pflanze:

Petersilie „Grüne Perle“

Kreuze an:

Die Pflanze gehört

zu folgender Gruppe:

- O Blumen
- ● Kräuter
- O Gemüse

So sieht die Pflanze aus:

AUSSAAT

Zeit: **März bis Juli**

Ort: **Freiland**

ERNTE

Zeit: **ständig, Haupternte von Juni bis Oktober**

Was ich noch über diese Pflanze weiß:

Sie hat feingekrauste, sattgrüne Blattpolster auf kräftigen Stielen. Petersilie ist zum Garnieren oder Würzen geeignet. Sie enthält die Vitamine A, B1, B2 und C.

Station 14 – Tiernamen sortieren (Lösung)

Gans	Hase
Giraffe	Heuschrecke
Glühwürmchen	Hirsch
Goldhamster	Honigbiene
Grashüpfer	Huhn

Eichhörnchen	Wal
Elefant	Wellensittich
Ente	Wiesel
Esel	Wolf
Eule	Wüstenfuchs

Station 14 – Tiernamen sortieren (Lösung)

Flamingo

Fledermaus

Fliege

Floh

Flussaal

Kabeljau

Kaiseradler

Kakadu

Kamel

Katze

Eisbär

Eisfuchs

Eishai

Eistaucher

Eisvogel

Hausente

Hausgans

Haushuhn

Hauskatze

Hausmaus

Station 16 – ABC im täglichen Leben (Lösung)

Nach dem ABC sortiert	NICHT nach dem ABC sortiert
Telefonbuch	**Einkaufszettel**
Gelbe Seiten	**Gartenkalender**
Wörterbuch	**Stundenplan**
Klassenliste	**Zutatenliste Kuchen**
Register	**Chronik**
Lexikon	**Urlaubs-Checkliste**
Buchtitel in der Bücherei	**Ämterliste Klasse**
Abkürzungsverzeichnis	**Laufzettel**
Kinoprogramm Tageszeitung	**Inhaltsverzeichnis**
Übersicht Sportarten Turnverein	**Spielzeugkatalog**

Station 17 – Schlag im Wörterbuch nach! (Lösung)

Wörter	Meine Vermutung	Bedeutung laut Wörterbuch
Atoll		**ringförmige Koralleninsel**
Biographie		**Lebensbeschreibung**
feminin		**weiblich**
Kandidat		**Bewerber, Anwärter**
liberal		**vorurteilslos, freiheitlich**
Mandoline		**Saiteninstrument**
passiv		**untätig, teilnahmslos, duldend**
Rabatt		**Preisnachlass**
solide		**fest, haltbar, zuverlässig**
Transparenz		**Durchsichtigkeit**

Station 18 – der, die, das (Lösung)

Welcher Artikel ist richtig?

der	die	das	Iglu	
der	die	das	Joghurt	
der	die	das	Kaugummi	
der	die	das	Krake	
der	die	das	Paprika	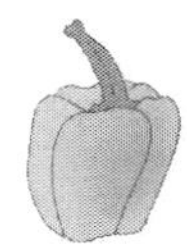
der	die	das	Pfand	
der	die	das	Puder	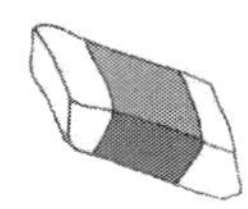
der	die	das	Radiergummi	
der	die	das	Triangel	
der	die	das	Bonbon	
der	die	das	Körperteil	
der	die	das	Pflaster	
der	die	das	Ketchup	
der	die	das	Gokart	